JUNIOR MAVRICA

BARVE MAČKE

PREDSTAVLJAMO BARVE MLADIM UMOM

AVTOR RAINBOW ROY

JUNIOR MAVRICA
BARVE MAČKE

PREDSTAVLJAMO BARVE MLADIM UMOM
AVTOR RAINBOW ROY

Mavrica je
polna vseh vrst
barv.

Skupaj bomo raziskovali barve in se učili tudi o mačkah.

RDEČA

Rdeča, kot abesinska mačka.

ORANŽNA

Oranžna, kot mačkasta mačka.

RUMENA

Rumena, kot siamska mačka.

ZELENA

Zelena, kot oči
egiptovske mačke
Mau.

MODRA

Modra, kot ruska modra mačka.

INDIGO

Indigo, kot ta mačja igrača.

VIJOLIČNA

Vijolična, kot ta mačja ovratnica.

Zdaj pa poglejmo nekaj drugih barv, zunaj mavrice!

ROZA

Roza, kot mačka sfinga.

RJAV

Rjava, kot bengalska mačka.

BELA

Bela, kot turška angora.

ČRNA

Črna, kot bombajska mačka.

SIVA

Siva, kot britanska kratkodlaka.

Zdaj pa poglejmo, kaj ste se naučili!

Kakšne barve je ta mačka?

Ta mačka je oranžno bela.

Kakšne barve je ta mačka?

Ta mačka je siva.

Kakšne barve so te mačje oči?

Njegove oči so rumene.

Tako si pameten! Vedno se učite in nikoli ne pozabite na svojo ljubezen do učenja.